Couvertures supérieure et inférieure
manquantes

HYPOTHÈSES

GÉRARD ENCAUSSE

HYPOTHÈSES

La matière est en mouvement.
Tout mouvement tend à la vie.
Toute vie tend à l'Intelligence.
Toute intelligence tend au mouvement.
Tout mouvement est inséparable de la
matière.

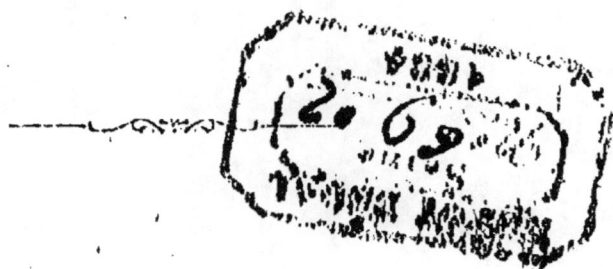

PARIS

COCCOZ, LIBRAIRE-ÉDITEUR

11, rue de l'Ancienne-Comédie, 11

—

1884

PRÉFACE

Hypothèses, rien que des hypothèses.

———

Qu'on ne se figure pas que, dans ce petit livre, j'ai voulu exposer des idées trop nouvelles ou trop originales. Mon but est bien simple : après m'être demandé pourquoi les philosophes anciens étaient arrivés à un si haut point dans l'étude des sciences, j'ai voulu pratiquer leur système ; abandonner momentanément les livres et raisonner le plus logiquement possible quelques-uns des phénomènes qui se présentent journellement à nous. Je n'ai lu aucun livre de philosophie moderne et, après avoir travaillé aussi bien que possible les bases des sciences dont je voulais parler, j'ai abordé l'étude des phénomènes naturels, ainsi que celle des lois qui les régissent. J'ai dû commencer par une classification des sciences dont je m'occupais. Quand cette classification fut finie, je fus très étonné d'apprendre, par mes amis, que je suivais, ou à peu près, les idées d'Auguste Comte. On comprend la joie que je ressentis à cette découverte. Le simple raisonnement m'avait conduit à des idées presque semblables aux siennes ; c'était un grand point. Aussi est-ce avec un vif sentiment de plaisir que j'apprendrai que, dans la suite de cet exposé, j'ai pu ressembler à tel ou tel auteur. Je le répète, je l'ignore encore absolument, et chaque nom que l'on pourra citer ne fera qu'affirmer ma proposition : la nature et la logique peuvent tenir lieu de professeur.

Paris, le 12 septembre 1884.

G. ENCAUSSE.

LIVRE Iᴱᴿ

Loi d'Équation. — La nature ne peut subsister que par l'équilibre. — Semblable à une balance équilibrée, quand l'un des plateaux penche, il faut dans l'autre plateau un poids compensateur pour rétablir l'équilibre.

INTRODUCTION

I

Dans la nature, deux principes se trouvent en présence :

La force et la matière.

L'une ne peut être sans l'autre.

La force agit sur la matière d'après les lois mathématiques. Sous l'action de la force naissent dans la matière les phénomènes mécaniques, puis les phénomènes physiques et chimiques.

Dès que les phénomènes physiques et chimiques

se développent dans la matière, celle-ci subit des modifications dans l'arrangement de ses parties : elle se transforme.

Nous sommes amenés à la transformation de la matière, c'est-à-dire aux sciences naturelles.

II

Numeri regunt mundum.

La nature tout entière est régie par les mathématiques.

Tout ce qui se passe sous nos yeux se fait d'après des lois mathématiques, et ceux qui sont considérés comme supérieurs et maîtres dans une science sont ceux qui ont trouvé les lois mathématiques qui régissent cette science.

Le défaut des sciences actuelles est de mettre un fossé réputé infranchissable entre chaque subdivision de ces sciences. On fait faire à certains hommes des mathématiques pendant toutes leurs études et quelquefois pendant toute leur vie, en les éduquant de telle sorte qu'ils méprisent souverainement les sciences naturelles. L'instruction moderne tend trop à singulariser les idées. La nature singularise-t-elle ses diverses manifestations? La vie de la plante est-elle indépendante de la marche du soleil ? Prenons exemple sur la nature et faisons tous nos efforts pour rompre les prétendues barrières qui séparent les sciences.

Mais il faudra des gens qui travaillent à fond un seul sujet ; car, d'après une des lois naturelles les plus belles, la loi d'Équation, on ne peut généraliser et approfondir simultanément toutes les sciences. La force de l'esprit humain a des limites ; il ne saurait les franchir. Que les uns s'occupent donc de trouver les lois générales, que les autres approfondissent les sciences particulières, et la route sera sûre et féconde en découvertes.

III

Logique!

Abordons maintenant la classification des sciences. Il est bien entendu qu'il est presque impossible de faire une classification durable. Ce que nous pouvons espérer, c'est d'arriver à suivre à peu près la nature et la logique.

En faisant un tableau des attaches qui réunissent les diverses sciences entre elles, on voit qu'il n'y en a qu'une qui puisse se passer de toutes les autres et

I.

qui se gouverne par elle-même : c'est la science des mathématiques.

Les mathématiques tiennent la tête.

Quels sont les phénomènes qui régissent directement la nature ? Sans contredit, les phénomènes physiques et chimiques. Or, nous dirons plus tard que la physique et la chimie ne sont qu'une seule et même science. Nous les réunissons toutes deux sous le nom de physique chimique.

Voici donc trois sciences fondamentales.

Les mathématiques régissant la physique chimique, qui régit elle-même les sciences naturelles.

Nous pouvons donc indiquer dans un tableau cette succession :

		Régies par	Régies par
SCIENCES NATURELLES	Zoologie Botanique Géologie Astronomie	Physique chimique	Mathématique mécanique

Je vais maintenant expliquer ce que j'entends par mathématique mécanique.

Dans toute grande science, il faut considérer deux parties : une partie de théorie et une partie d'application. Ainsi la mécanique est la partie des mathématiques qui sert à appliquer et à vérifier les lois purement abstraites de l'algèbre et de la géométrie ;

c'est la partie concrète des mathématiques, si j'ose m'exprimer ainsi.

Quand je traiterai de chaque science en particulier, on verra pourquoi je n'ai pas classé la biologie et la sociologie parmi les sciences vraies. Je les considère comme des divisions de la zoologie.

LIVRE II

SCIENCES QUI NE PEUVENT ÊTRE SANS L'HOMME

MATHÉMATIQUES

Dans ce livre, je me propose de faire une étude rapide des sciences ci-dessus mentionnées et de discuter le point d'attache des diverses parties de ces sciences.

Les mathématiques comprennent deux parties fondamentales auxquelles se joignent deux parties pratiques. Ce sont :

1º L'arithmétique; partie pratique, *l'algèbre.*

2º La géométrie; partie pratique, la *mécanique.*

Arithmétique :

L'arithmétique est la base des mathématiques; elle se gouverne par ses propres lois. C'est la partie gouvernante des mathématiques et, par suite, de toutes les sciences.

Dans l'arithmétique, le nombre fondamental est 1. — L'unité.

C'est de l'unité que tout dérive et c'est en partant de l'unité que l'arithmétique arrive à toutes ses propositions et peut ensuite les expliquer.

Mais j'ai dit plus haut que la loi naturelle est la loi d'équation, la loi d'équilibre.

L'unité n'est pas en équilibre, puisqu'elle n'a aucune partie pour la contrebalancer.

Donc, l'unité n'est pas naturelle. Quand nous rencontrerons dans la nature des états impairs des corps, nous pouvons dire : ces corps ne sont pas parfaits ; ils sont à l'état transitoire.

Le nombre vraiment naturel est 2. La nature marche par couples (dédoublement des cellules).

Donc, les corps marchant par couples pairs sont en équilibre.

Mais 2 lui-même, quoiqu'en équilibre, n'est pas parfait. Il est composé de deux unités, c'est-à-dire de deux parties non naturelles.

Le nombre parfaitement équilibré est le nombre 4, et c'est celui que la nature emploie pour ses grandes divisions ; c'est le nombre qu'on rencontre le plus fréquemment.

Si maintenant nous considérons les 4 premiers nombres 1, 2, 3, 4, nous voyons que leur somme forme la base de tout système numérique parfait,

le système décimal, le seul qui permette d'atteindre
les points les plus rapprochés de l'infini; car le
nombre des zéros qu'on peut ajouter à la suite d'un
nombre est indéfini.

D'autre part, ces 4 premiers nombres satisfont à la
loi d'équation, les deux extrêmes égalent les deux
moyens :

$$1 + 4 = 2 + 3$$

Enfin, grâce à ces 4 premiers nombres, on peut
arriver à former tous les nombres connus. Il est vrai
que tous ces nombres dérivent de $\widehat{1}$.

Géométrie. — La géométrie étudie les figures naturelles. La figure la plus naturelle est la sphère.

C'est elle que nous voyons le plus souvent répétée
dans la nature (tous les astres).

La sphère est un terme ultime; c'est une conséquence.

Pour trouver la figure la plus simple de la géométrie, il nous faut faire une analyse.

Considérons une sphère. — Nous voyons qu'elle
affecte une forme particulière. Elle ne présente aucune
arête saillante. Nous disons qu'elle affecte la forme
ronde, par opposition à la forme angulaire que nous
connaissons.

Or, si nous voulons faire l'image d'une forme ronde,
nous commençons par tracer sur un plan une circonférence. Si, dans l'intérieur de cette circonférence,
nous rejoignons deux parties entre elles, nous avons
une ligne.

Si deux lignes viennent à se rencontrer, elles nous font voir un *point*.

Si nous voulons construire quelque chose de plus simple que le point, nous ne pouvons y arriver.

Le point est donc la base de la géométrie.

Deux points réunis entre eux constituent une ligne.

La ligne est la réunion d'un nombre considérable de points.

Deux ou plusieurs lignes droites qui se coupent forment un polygone.

Le polygone du plus grand nombre de côtés connu est la circonférence.

Inversement, la circonférence étant le point summum de la géométrie plane, elle donne naissance à tous les polygones connus en se divisant plus ou moins, et elle renferme un point par excellence, c'est le centre. Toutes les lignes qui la constituent sont également éloignées de ce point.

Comme une ligne est une réunion de points, la circonférence est donc une figure formée par une réunion de points, tous également distants d'un point central.

Il en est absolument de même pour la géométrie dans l'espace.

Les points sont remplacés par des lignes, et les lignes par des plans.

Un plan est la réunion de plusieurs lignes, de même que la ligne est la réunion de plusieurs points.

Deux ou plusieurs plans qui se coupent forment

des polyèdres, de même que deux ou plusieurs lignes qui se coupent forment des polygones.

Le polyèdre du plus grand nombre de plans que l'on connaisse est la sphère.

Comme un plan est une réunion de lignes, comme une ligne est une réunion de points, la sphère est une réunion de points.

Nous ne nous occupons pas de l'algèbre ni de la mécanique, qui constituent la partie pratique de l'arithmétique et de la géométrie, les seules parties de mathématique que les hommes utilisent vraiment.

PHYSIQUE

Unité!

I

Prenons une barre de fer, touchons-la très légère-ment. Rien ne se produit d'une façon apparente. Si nous appliquons notre oreille, nous entendons un son.

Voici donc un son et pourtant l'air n'est pas ébranlé, puisqu'il ne transmet directement rien à notre oreille.

Comment ce son a-t-il pu se produire? Quand nous avons touché la barre de fer, nous avons mis en mouvement la première molécule touchée. Cette molécule met elle-même en mouvement la molécule suivante, et ainsi de suite, si bien que toutes les molécules se trouvent bientôt mises en mouvement dans l'intérieur de la barre de fer.

Donc, c'est à l'intérieur de la barre que le mouve-ment se produit tout d'abord.

Si nous frappons plus fort, que va-t-il se produire?

Les molécules mises en mouvement plus rapide-ment vont mettre en mouvement les molécules de l'air, qui viendront mettre en mouvement les molécules qui composent la partie excitable de notre oreille. L'air nous transmet un son.

Mais ce son ne peut être produit que par un travail mécanique. Or, tout travail mécanique est accompagné de chaleur. Nous pouvons constater ce phénomène facilement.

Si nous plaçons en effet un thermomètre à air sur la barre de fer, nous allons voir immédiatement l'air se dilater quand nous frapperons.

Si nous avons pris la précaution de nous placer dans l'obscurité, nous pouvons, en frappant assez fort, amener la barre à l'incandescence et, par suite, nous aurons la lumière. Nous voyons donc que, quand les molécules d'un corps se frottent les unes contre les autres avec assez de rapidité, il y a un dégagement de lumière.

Si nous augmentons la rapidité des frottements, nous, allons pouvoir produire de l'électricité. Nous pouvons le constater au moyen de l'électroscope ou du galvanomètre. Dans l'un, les feuilles d'or, dans l'autre l'aiguille aimantée dévieront quand nous frapperons. Donc, l'électricité se produit quand les molécules qui composent un corps sont mises en vibration avec assez de rapidité.

De même, si nous augmentons encore le nombre de vibrations, nous pourrons arriver au magnétisme. Voici comment.

Nous prenons notre barre de fer que nous chauffons au rouge, ce qui, d'après ce que nous avons dit plus haut, met les molécules de cette barre en une très rapide vibration.

Nous voulons encore augmenter le nombre de ces vibrations. Pour cela, nous tournons la barre vers le nord et nous frappons violemment avec un marteau. On sait que sous cette influence la barre devient magnétique.

Par suite, cette barre nous a servi à montrer tous les phénomènes physiques : son, — lumière, — chaleur, — électricité, — magnétisme, et nous voyons que tous ces phénomènes sont le résultat d'un mouvement des molécules de plus en plus rapide.

Le phénomène de la vie doit être constitué par le mouvement des molécules poussé à l'excès, et le phénomène de l'intelligence par le mouvement des molécules le plus rapide que la nature puisse acquérir, puisque l'intelligence est le *nec plus ultra* vers lequel tendent tous les efforts de la matière animée.

De même que nous avons remonté l'échelle des phénomènes physiques en augmentant le nombre de vibrations des molécules matérielles, de même nous pouvons la redescendre en diminuant graduellement le nombre de ces vibrations, en les condensant.

Que, dans un être doué d'intelligence, l'homme par exemple, on diminue quelque peu le nombre des vibrations par un procédé quelconque, soit par l'opium, soit par le chloroforme, soit par l'alcool, on verra cette intelligence s'amoindrir peu à peu et

l'être intelligent vivre de moins en moins intellec-
tuellement.

Les phénomènes de l'hypnotisme nous montrent
qu'on peut enlever à un être toutes ses facultés
intelligentes pour les remplacer par celles d'une
personne étrangère. C'est là le point par lequel la
vie se rapproche des phénomènes magnétiques.

L'action des aimants sur les courants nous fait
voir que les phénomènes magnétiques, quand on
condense leurs vibrations, se rapprochent des phénomènes électriques.

Si nous lançons un courant électrique d'une assez
grande intensité sur un fil de platine court et placé
dans le vide, les vibrations produites par l'électricité
et condensées dans ce petit espace vont donner
naissance aux phénomènes calorifiques et lumineux.

Si, au moyen d'un métal quelconque, le zinc
(radiophone) ou plutôt le sélénium (photophone),
nous condensons les vibrations de la lumière, nous
donnerons naissance aux phénomènes de l'acoustique,
notre point de départ.

II

Nous n'avons pas encore traité la pesanteur ; car
c'est un des points les plus délicats de la physique.

Les corps s'attirent en raison directe de leur masse et en raison inverse du carré de la distance. (Newton.)

Pourquoi le corps A attire-t-il le corps B ?

Parce que le corps A a une plus grande masse.

Pourquoi le corps A a-t-il une plus grande masse ?

Parce qu'il est composé d'un plus grand nombre de molécules.

Pourquoi est-il composé d'un plus grand nombre de molécules ?

Sans doute parce que la première molécule qui composait ce corps tombant dans l'éther, et plus lourde que toutes les autres, s'est heurtée contre une autre molécule. Sous l'influence du choc, elle est entrée en vibration. Ces vibrations ont développé des propriétés magnétiques en elle et elle a attiré les molécules d'un nom contraire, d'après les lois électriques.

Chaque nouvelle molécule qui venait se joindre à elle agissait sans doute comme multiplicateur. Les vibrations durant un certain temps, un grand nombre de molécules se sont amassées.

CHIMIE

La nature ne subsiste que par l'équilibre.
(Loi d'Équation.)

I

La chimie est la science qui s'occupe des changements qui naissent dans la constitution des corps.

Au fond, tout phénomène chimique se réduit à une série de phénomènes physiques.

De même que la physique, les phénomènes chimiques sont le résultat d'une série de mouvements, d'une série de vibrations de la matière.

Mais dans la chimie, au lieu d'un seul mouvement continu comme dans la physique, nous trouvons ce mouvement continu sans cesse accompagné de mouvements auxiliaires qui le cachent le plus souvent.

Il faut aussi dire que si ce mouvement nous échappe encore, c'est que nous connaissons mal les bases de la chimie.

En effet, la chimie tout entière repose sur une

propriété mal connue, mal étudiée et mal définie: l'affinité.

Toutefois, le mouvement continu apparaît déjà mieux dans la chimie organique (théorie atomique), où nous voyons le gaz des marais (cH^4) et ses dérivés donner naissance à presque tous les corps organiques par une série de transformations.

Cela tient surtout à ce que la chimie organique a été beaucoup plus travaillée et beaucoup plus étudiée que la chimie inorganique.

II

J'ai dit plus haut que tout phénomène chimique était une série de phénomènes physiques; il me reste à expliquer ce que j'avance.

D'abord, quel est le point par lequel la chimie s'unit directement à la physique?

C'est l'affinité.

Qu'est-ce que l'affinité?

C'est la propriété que possède tel corps de s'unir plutôt avec le corps A qu'avec le corps B.

Pourquoi ce corps aime-t-il mieux A que B?

Une hypothèse se présente, je la donne sans plaider ni pour, ni contre. La suite de l'étude sur la chimie la fera juger.

Je considère les phénomènes chimiques comme une série de mouvements analogues, comme rapidité, aux phénomènes électriques et magnétiques.

Par suite, les lois électriques leur sont applicables.

Une des principales lois électriques est la suivante :

Deux électricités de même nom se repoussent, deux électricités de nom contraire s'attirent.

On pourrait donc dire :

Deux atomes de même nom se repoussent, deux atomes de nom contraire s'attirent.

Donc, dans un phénomène chimique, les atomes simples auraient une grande tendance à devenir composés.

De même, quand deux corps composés se trouvent en présence, les atomes d'un corps rechercheront pour se combiner les atomes les plus éloignés d'eux dans la série atomique, ou plutôt les produits les plus stables seront ceux formés dans ces conditions.

Pour savoir comment un atome acquiert la propriété d'en attirer un autre, je renvoie à ce que j'ai dit sur la pesanteur, la pesanteur et l'affinité ne faisant qu'un.

Il est facile de démontrer que tout phénomène chimique est une série de phénomènes physiques.

Prenons, par exemple, la fabrication de l'acide chlorhydrique.

Nous prenons 2 N a C l et So¹ H². Que se passe-t-il quand nous chauffons?

Sous l'action de la chaleur, le nombre de vibrations de la matière augmente. Les propriétés magnétiques des atomes augmentent. La molécule So¹ qui est di-atomique attire comme un aimant la molécule N a^2. Cette molécule vient chasser la molécule H² et se mettre à sa place. De même qu'au billard une bille placée auprès d'une autre est violemment chassée par une troisième, lancée avec force, qui la remplace.

Les 2 molécules d'H se combinent avec les 2 molécules de C l pour former 2 H C l.

Comme nous savons que la matière est impénétrable, nous ne pouvons pas supposer que les atomes changent de constitution.

Remarquons, en outre, que les phénomènes produits par les combinaisons chimiques, lumière, chaleur, électricité, se produisent également dans les phénomènes physiques. Enfin, l'analogie de l'affinité et de la pesanteur sont si grandes qu'il est impossible de séparer ces deux parties.

Par suite, on peut considérer les phénomènes chimiques comme une série de phénomènes physiques.

III

Il nous reste à aborder une discussion assez délicate.

D'après la loi d'équation, une science comprenant deux parties comme la chimie, les deux parties ne peuvent pas être si disproportionnées entre elles.

En effet, on divise la chimie en chimie inorganique qui comprend l'étude des corps non organisés contenus dans l'écorce du globe, et en chimie organique qui étudie tous les autres corps.

D'abord, les deux divisions ne doivent pas exister ; la chimie inorganique n'est que le commencement du mouvement qui s'accélère dans la chimie organique. Autrement dit, ce sont les mêmes corps qui composent les deux chimies, mais à des degrés de vibrations moindres ; ils sont plus condensés dans la chimie inorganique que dans la chimie organique.

Et sur quel raisonnement puis-je m'appuyer pour soutenir une proposition qui, au premier abord, paraît absurde ?

Le voici :

Nous savons que sans l'équilibre la nature ne saurait subsister.

Or, tous les corps qui couvrent notre globe (animaux, végétaux), en un mot tous les corps organisés, ne sont composés que de 4 corps simples :

L'hydrogène, — l'oxygène, — l'azote, — le carbone.

D'autre part, les corps contenus dans l'écorce du globe seraient composés de plus de trente corps simples.

Je le répète, toute la nature tend à nous prouver la fausseté de ce principe. Tout dans la nature est en équilibre; il est impossible que la plus grande partie du monde ne comprenne que 4 corps simples, tandis qu'une infime partie en possède plus de trente.

Enfin, si l'on considère les atomicités, on voit que chacun de ces corps simples tient la tête d'une grande série atomique.

L'hydrogène est monoatomique.

L'oxygène est diatomique.

L'azote est triatomique.

Le carbone est tétratomique.

D'autre part, M. Dumas a fait des expériences tendant à faire voir la singulière analogie qui existe entre la vapeur de soufre et l'oxygène.

Il n'y aurait donc dans la nature que quatre corps simples.

L'arithmétique nous montre que 4 est un multiple de 2.

Par suite, il ne devrait y avoir que 2 corps vraiment simples, l'hydrogène et l'oxygène.

Enfin, il faut remarquer que tous les corps chimiques ont des poids atomiques multiples de celui de l'hydrogène.

La suite des études sur la chimie infirmera ou confirmera cette hypothèse.

Il se pourrait aussi que la chimie minérale fût séparée de la chimie ordinaire. Cependant, l'hydrogène est un métal et semble bien gouverner la série des métaux, de même qu'il gouverne celle des autres corps.

En résumé, nous devons :

1° Considérer la chimie comme inséparable de la physique et réunir ces deux sciences sous le nom de physique chimique;

2° Considérer la chimie comme formée de deux corps vraiment simples :

L'hydrogène et l'oxygène.

SCIENCES

DONT LES PHÉNOMÈNES SONT RELATIVEMENT INDÉPENDANTS
DE L'EXISTENCE DE L'HOMME

———

SCIENCES NATURELLES

I

Toutes les sciences naturelles sont unies entre elles par les lois du transformisme. Ces lois régissent également chacune des sciences prise en particulier.

Le point de départ de tout est la matière.

La matière est tout ce qui est perceptible à l'un quelconque de nos sens.

La matière ne saurait exister sans l'idée de force. Le monde a donc pour point de départ :

Force et Matière.

La force met la matière en mouvement. Les degrés de mouvement de la matière sont les suivants:

1º Réaction ou inertie ;

2º Tendance au mouvement ;

3° Mise en mouvement ;

4° Maximum du mouvement ;

5° Réaction ou inertie ;

6° Tendance, etc., etc.

On voit qu'on peut exprimer ce mouvement par une circonférence, car il n'a pas de limites.

Quand nous étudierons un phénomène naturel, nous devrons donc prendre cette marche comme point de départ et essayer de découvrir les graduations.

Comme première conséquence, nous pouvons dire qu'une chose qui s'est produite une fois à un certain moment, se reproduira dans un temps plus ou moins éloigné. Tout, sans exception, est soumis à cette loi, nos idées comme tout le reste.

S'il survient des changements dans le cours de l'évolution d'un mouvement, il ne faudra pas oublier que le mouvement initial tend sans cesse à reprendre sa route régulière.

Maintenant, quand l'action se reproduira, sera-t-elle exactement pareille à la première ?

Non.

Il nous faut, en effet, tenir compte de l'accélération constante du mouvement. Si nous n'acceptions pas l'augmentation des vibrations, le transformisme serait impossible.

Par suite de cette accélération du mouvement, quand une action a duré un certain temps et qu'elle a passé par les phases successives plusieurs fois de suite en s'améliorant sans cesse, il arrive un moment où l'action a acquis un tel perfectionnement qu'elle peut être considérée comme une action nouvelle.

Cette action nouvelle continue son évolution jusqu'à devenir elle-même une action nouvelle ; de là le transformisme.

D'après notre loi fondamentale, tout tend à se perfectionner. Mais si tout se perfectionne, l'espèce d'origine devra disparaître très rapidement.

Elle disparaîtra, oui ; la géologie nous le montre et la loi d'équation nous le prouve ; mais pas très rapidement, car les différentes espèces en voie de développement lui fourniront des éléments de vie. Le monde entier est comparable à un immense cercle. Une partie arrivée au maximum du mouvement s'arrête (inertie) et redonne de la force au point de départ. Chez les êtres vivants, l'inertie est constituée par la mort. Le minéral, qui est un gaz condensé, devient végétal ; le végétal, animal. L'animal, en mourant, fournit de nouveaux principes au développement du végétal, tandis que le végétal mort fournit de nouveaux principes au développement du minéral.

II

Unité!

La nature n'est pas compliquée ; elle est une et inséparable. Tout ce que nous croyons être des complications ne sont que des transitions. Tout part d'une loi fondamentale et de un ou de deux principes fondamentaux non encore trouvés. Pour arriver à la connaissance de l'origine, il nous faut opérer de sérieuses et patientes analyses de ce que nous voyons, condenser le plus possible les divers raisonnements, les comparer entre eux, réunir en un seul les semblables et ainsi nous arriverons peut-être à l'origine.

Avant tout, notons bien que rien n'est séparé dans la nature ; toute chose naturelle se réunit par quelque transition aux autres choses naturelles.

ASTRONOMIE

L'astronomie est une des premières sciences naturelles. C'est une science naturelle parce qu'elle est perceptible à un de nos sens : la vue.

On voit les astres. Pour connaître leur mouvement, il faut étudier les mathématiques.

L'astronomie est liée à la physique (réflexion des rayons par les planètes, émission par les étoiles), à la chimie (composition des gaz et des minéraux renfermés dans les astres ou autour d'eux), à la géologie (métaux, spectroscope).

Quand nous aurons des instruments assez puissants, nous pourrons, je crois, étudier la flore et peut-être la faune des planètes les plus rapprochées de nous, surtout la Lune et peut-être Vénus, et nous trouverons là de précieux renseignements.

Il nous faut aussi parler de l'influence des astres sur les idées. Elle est très sensible.

Avec un peu d'étude, on arrive facilement à constater que le courant d'idées n'est pas le même en nouvelle lune qu'aux autres périodes. Enfin, peut-on admettre qu'un astre qui exerce une influence sur une énorme masse d'eau en produisant les marées, n'en exerce aucune sur la petite masse de notre cerveau? Pour aussi faible qu'elle soit, cette action est sensible et facile à constater.

Nous sommes bien petits devant cet immense espace et, comme si l'étendue semblait appeler les hypothèses multiples, on discute beaucoup sur les astres.

1° Les planètes de notre monde sont-elles habitées?

2° Les mondes autres que le nôtre sont-ils habités?

Avec nos pauvres procédés de raisonnement, les discussions deviennent délicates.

Toutefois, nous pouvons employer l'analogie et la logique.

Les autres planètes de notre monde sont-elles habitées? Oui.

Il doit y avoir des habitants dans d'autres planètes de notre système; je ne dis pas dans toutes; mais ils doivent être autrement conformés que nous. Plusieurs propositions peuvent se présenter.

Ou il n'existe dans ces planètes que deux règnes de la nature, ou il peut en exister quatre ou cinq; suivant que la planète nous est supérieure ou inférieure.

J'admettrais donc des planètes supérieures à la nôtre?

Certainement.

La Terre n'est pas au point d'équilibre de notre

système et l'état maximum ne peut exister que pour la planète située sur ce point.

La planète qui s'en rapproche le plus est Mars. Ensuite, viennent de chaque côté et, presque également, la Terre, puis les deux cents et quelques astéroïdes situés entre Mars et Jupiter.

Maintenant il nous est facile de savoir que les phénomènes naturels ne peuvent pas avoir la même intensité à deux points de notre système. En effet, comme chaque point jouit de propriétés particulières, les phénomènes qui se produisent sur ce point en subissent la conséquence et ne peuvent par suite être semblables.

La nature ne faisant rien d'exclusif, les mêmes choses à des degrés différents doivent se produire dans les autres mondes.

Pour la marche générale, on peut dire que des mondes progressent pendant que d'autres s'éteignent.

D'après la loi d'équation, quand un monde est arrivé à l'apogée, un autre doit s'éteindre. Il ne s'ensuit pas qu'il disparaît, car il ne pourrait disparaître sans porter préjudice au principe de la gravitation universelle. L'observation nous montre en effet que chaque jour on voit s'éteindre des étoiles, tandis qu'on en voit d'autres augmenter d'éclat.

GÉOLOGIE

Notre globe est composé de deux partis dis-
tinctes :

1º Une partie solide,

2º Une partie gazeuse.

Les mers sont soutenues par la partie solide.

Nous savons que rien n'est séparé dans la nature ;
il doit y avoir un échange constint entre les deux
parties.

Mais cet échange suppose des agents pour l'exé-
cuter, puisqu'il n'y a aucune communication directe
entre les gaz et le globe.

Qr, ces agents sont précisément les êtres organisés.
Ce sont eux qui sont chargés d'assurer la communication. Ils fixent les gaz, qu'ils rendent ensuite à la
terre, leur nourrice.

On comprend que chaque phénomène naturel a un
but, pour aussi petit qu'il soit.

L'animal existe, c'est qu'il sert la nature ; le végétal
de même. La nature c'est l'ensemble de tous les êtres
naturels et de tout ce qui assure leur existence.

3

Chacun est donc créé pour le plus grand bien de tous et de tout. On conçoit qu'il faille que les êtres puissent se conserver. Aussi une des plus grandes préoccupations de la nature est-elle la conservation de l'espèce. C'est pour la conservation de l'espèce que l'animal mort engraisse la terre et la rend capable de produire plus facilement les végétaux nécessaires à la nourriture de ses descendants. C'est pour cette conservation que la feuille morte, composée exclusivement de cellulose $C^6 H^{10} O^5$, une fois tombée à terre, se transforme en carbone C^6 et en eau $5 H^2O$ et forme au pied du végétal une couche plus compacte de terre, pour lui permettre de supporter mieux les rigueurs de l'hiver.

Tous les débris organiques répandus à la surface de la terre constituent la partie cultivable de cette terre.

Au dessous d'eux se trouvent des roches et des minéraux disposés par couches régulières. Je crois que les minéraux ont des points d'attache très étroits avec les roches. En effet, on peut remarquer que tel minéral se trouve dans un terrain composé de telle roche.

Je suis persuadé qu'on arrivera à l'origine de certains métaux en étudiant attentivement les relations qui existent entre eux et les terres dans lesquelles ils sont renfermés. Toutefois, il se pourrait bien que de même qu'il n'y a que quelques roches simples, de même il y ait des métaux de qui tous les autres dériveraient. Ces métaux seraient eux-mêmes des gaz condensés, car nous avons vu qu'en chimie il ne doit y avoir que deux ou tout au plus quatre corps simples.

Quoi qu'il en soit, toutes les roches connues se rattachent à trois sources :

1° Le carbone;

2° La silice;

3° L'alumine.

Au carbone se rattachent : les plages coquillières, les lignites, la houille, la craie, le marbre.

A la silice, — le mica, le feldspath, le quartz, le grès, le gneiss.

A la silice et à l'alumine, — l'argile et ses dérivés, les marnes, les sables et la molasse.

Les degrés de transformation sont donc les suivants :

Les gaz se condensant donnent naissance aux minéraux, qui subissent des modifications suivant les conditions dans lesquelles ils sont placés. Ces minéraux, à la suite de longues et lentes transformations, donnent naissance aux végétaux inférieurs.

BOTANIQUE

I

Les plantes dérivent toutes de quelques types primitifs.

Ces types primitifs ne doivent pas être au nombre
de plus de deux.

Par suite, on peut dire que toutes les plantes sont
en voie de transformation pour atteindre un type parfait et que ce type parfait est lui-même en voie de
transformation pour arriver plus haut : à la vie de
relation, à l'animal.

Il faudra donc réunir chaque groupe de familles en
types originaux et réunir les divers types originaux
entre eux pour arriver à la constitution de la famille
supérieure. Ce travail a déjà été commencé par un
de nos plus savants botanistes, M. Baillon, qui a mon-
tré les relations étroites qui unissent toutes les dicotylédones gamopétales. L'unification de la gamopétalie
est faite. A bientôt donc l'unification de la dialypé-

talie ; puis des monocotylédones et des acotylédones
et la grande unification de ces quatre grandes divisions en quelques types montrant le degré du mouvement.

II

J'ai dit que tout le règne végétal était en voie de
transformation. Sur quoi me suis-je appuyé pour
soutenir cette proposition ?

Sur les mathématiques. Nous savons que tous les
chiffres impairs indiquent l'état de transformation
et tous les chiffres pairs l'état d'équilibre. Si nous
considérons le règne végétal, nous remarquerons que
toutes les monocotylédones sont construites sur le
type 3 ou des multiples de 3, et presque toutes les
dicotylédones sur le type 5 ou ses multiples.

Quel serait le type idéal ?

Un type à fleurs unisexuées (l'Hermaphrodisme
étant contre nature et indiquant la transformation)
dioïque et à type quatre.

III

Les plantes dérivent des minéraux ; elles tendent à devenir des animaux. Elles doivent donc présenter tous les caractères intermédiaires au point de vue physiologique. Il doit y avoir des plantes à mouvements plus rapides les unes que les autres, à vie plus ou moins active. Il doit y avoir des plantes insensibles et des plantes qui sentent la douleur. Quoiqu'on n'ait pas jusqu'à ce jour découvert la moindre trace d'organisation nerveuse, je crois qu'on pourra y arriver en prenant des types supérieurs. Le défaut tient à l'esprit d'analogie qu'on établit d'une plante à une autre. De famille à famille et même de plante à plante, tout doit varier, bien que très légèrement, tout jusqu'aux parties essentielles.

L'absolu n'existe pas dans la nature.

ZOOLOGIE

J'ai dit que les plantes tendaient sans cesse à acquérir la vie de relation, c'est-à-dire à devenir des animaux.

Les animaux sont les êtres chez qui les phénomènes de la vie sont poussés au plus haut point. Le nombre de leurs vibrations est considérable, et ce nombre augmente plus on monte l'échelle animale pour arriver au summum qui est l'intelligence. La zoologie est sans contredit la partie naturelle la plus récente ; c'est la dernière parue. Aussi retrouve-t-on beaucoup plus facilement les transitions qui unissent les différents animaux que celles qui unissent les végétaux, par exemple. Dans le règne animal, les points d'attache n'ont pas encore disparu, comme dans les autres règnes et surtout dans la géologie. C'est pour cela qu'il nous semble aujourd'hui absurde de prétendre qu'il existe des points de relation entre les différents minéraux. Les transformations géolo-

1..

giques sont si anciennes, que tous les points transi-
toires sont perdus pour nous. Il en sera de même
pour la zoologie dans un temps éloigné.

Tous les animaux dérivent donc les uns des autres
pour arriver à l'homme. L'homme n'est pas séparé
du reste de la création, et toutes les sciences qu'il a
créées pour s'occuper spécialement de son évolution
doivent être étendues à tout le règne animal, mais
à des degrés moindres à mesure qu'on descend
l'échelle naturelle. Les mêmes sciences encore atté-
nuées pourront être également appliquées aux autres
règnes.

Nous pouvons donc considérer comme des parties
de la zoologie les sciences qui s'appliquent uniquement
à l'homme, comme l'histoire, la géographie et la
philosophie, qui sont des parties de la sociologie.

La Sociologie n'est pas une science, quoiqu'on la
place au-dessus de toutes les autres; on la considère
comme la tête d'un corps formé par les autres sci -
ces. Est-ce parce que nous sommes des animaux
légèrement supérieurs que nous devons placer en
ête la science qui s'occupe de notre évolution ?

Notre évolution n'est pas indépendante de celle
des autres animaux. Elle est de même soumise à des
lois mathématiques et aux mêmes lois mathématiques. L'étude des lois qui régissent les sociétés
humaines doit donc rentrer dans les sciences naturelles et ne constituer qu'une partie de la Zoologie.
Quand nous connaîtrons bien la marche et l'évolution

des animaux, soyons persuadés que les mêmes lois s'appliqueront à nous.

La nature ne fait pas de différence entre un homme et un animal. Si l'homme a acquis une certaine supériorité, c'est qu'il a eu assez d'intelligence pour se servir lui-même fortement. La nature ne travaille pas pour lui, loin de là. Dès qu'il abandonne ses ouvrages, elle les détruit et le force à recommencer la lutte. Quand on connaîtra bien les grandes lois naturelles, je pense qu'on arrivera à croire que l'homme est un outil dont la nature se sert de même qu'elle emploie l'insecte pour féconder les plantes.

LIVRE III

LE CERCLE NATUREL

L'astronomie nous montre que tous les astres se meuvent; par suite, tous les corps qui sont à leur surface se meuvent également.

Donc :

Toute la matière est en mouvement.

sique et la chimie nous mo

mouvement va sans cesse en croissant, et qu'à un moment donné le mouvement est assez rapide pour produire les phénomènes de la vie.

Donc :

Tout mouvement tend à la vie.

Les sciences naturelles, la zoologie et la botanique, la sélection naturelle, nous montrent qu'une fois qu'un être a acquis la vie, le mouvement qui produisait ce phénomène s'accentue, et que bientôt se produisent les phénomènes de l'intelligence.

Donc :

Toute vie tend à l'intelligence.

Quand, par suite du mouvement, un être a acquis l'intelligence, il l'applique au bien de tous et de tout, quoi qu'il fasse ; il l'applique à produire un mouvement favorable à ses descendants. (Sociologie.)

Donc :

Toute intelligence tend au mouvement.

Tous les phénomènes connus prouvent qu'il ne peut y avoir de mouvement sans la matière ; pour que quelque chose soit en mouvement, il faut que ce quelque chose existe.

Donc :

Tout mouvement est inséparable de la matière.

Nous sommes revenus au point de départ. Nous avons accompli le cercle.

LE MOUVEMENT

Hypothèses, rien que des hypothèses.

Le mouvement est en pleine activité. Les phénomènes que nous appelons physiques se montrent, les mondes se meuvent dans l'espace et les mathématiques règlent leur marche. Sur les astres, des mouvements partiels se produisent; le cercle naturel s'observe à l'infini. Le mouvement s'accentue; les phénomènes magnétiques se développent sur une des planètes.

vec e magnetisme, a composition et la décomposition des corps, le groupement et le dégroupement des atomes, la chimie.

La rapidité de l'action augmente, la physique chimique agit sur quelque chose et dans une infime partie de ces mondes en marche, une infime quantité de matière tressaille. Le premier phénomène de la vie se montre. Les gaz se sont condensés, un minéral a paru après bien des siècles. Ce minéral vit très doucement, le mouvement est peu rapide, aussi dure-t-il longtemps, très longtemps. Le nombre des vibrations augmentant sans cesse, la vie augmente d'intensité, la chaleur se développe, la respiration se montre, l'être aux sensations presque nulles apparaît : c'est la plante.

Le mouvement s'accentue, les nouveaux tuent les anciens. Il s'agit de vivre. Maintenant qu'on vit, il faut aller vite, plus vite, de plus en plus vite. L'être se meut. Il est petit ; c'est un bacille ; mais il marche, grande conquête ! La lutte se poursuit. Maintenant qu'il marche, il est porté à sentir ; le mouvement va toujours, l'animal doué d'instinct apparaît. L'instinct se perfectionne. Le monde habitable diminue d'étendue, la lutte devient plus vive.

L'intelligent seul subsistera. On ne lutte plus pour la vie seulement ; on lutte pour l'intelligence. Malheur aux faibles ! Et le mouvement va toujours plus vite. Dans cette lutte, un être devient supérieur ; c'est un grand singe vigoureux, qui a su s'adjoindre des ~~aires. Le végétal, être inférieur, lui a fourni~~ bâton à l'aide duquel il terrasse les autres animaux. La lutte devient plus terrible, le mouvement plus rapide ; le singe ajoute le caillou taillé à son arme primitive. L'âge de pierre apparaît, l'homme se dessine. Le corps s'atrophie insensiblement ; les vibrations croissent, l'intelligence aussi ; l'homme raisonne.

Le raisonnement devient le but de la lutte, et la nature tourne ce raisonnement à son profit. L'homme la sert sans s'en apercevoir.

L'animal parvenu à un si haut point fait des considérations sur le mouvement et la matière; il se glorifie en inventant la sociologie. Un de ses spermatozoaires transmet le mouvement vital à un ovule, et notre animal poursuit son raisonnement. Pendant qu'il discute, l'ovule s'est transformé en un être semblable à lui.

Quand le nouvel arrivant est assez fort, le raisonnement du père s'arrête. Ce père s'en va engraisser la terre; il lui rend ce qu'il lui a pris et son fils continue le raisonnement. Après celui-là, d'autres de plus en plus raisonneurs et de moins en moins vigoureux. On raisonne à tort et à travers. Les astres marchen toujours, le mouvement suit son cours et les raisonneurs se transforment en engrais.

FIN

Paris. — Imp. Tolmer et Cⁱᵉ, 3, rue Madame.

www.ingramcontent.com/pod-product-compliance
Lightning Source LLC
LaVergne TN
LVHW022201080426
835511LV00008B/1500